Impressum
Verlag: BABADADA GmbH, Nedderfeld 112 , 22529 Hamburg
Geschäftsführer / Verlagsleitung: Harald Hof
Druck: Books on Demand GmbH, In de Tarpen 42, 22848 Norderstedt

Imprint
Publisher: BABADADA GmbH, Nedderfeld 112 , 22529 Hamburg, Germany
Managing Director / Publishing direction: Harald Hof
Print: Books on Demand GmbH, In de Tarpen 42, 22848 Norderstedt, Germany

škola

școală

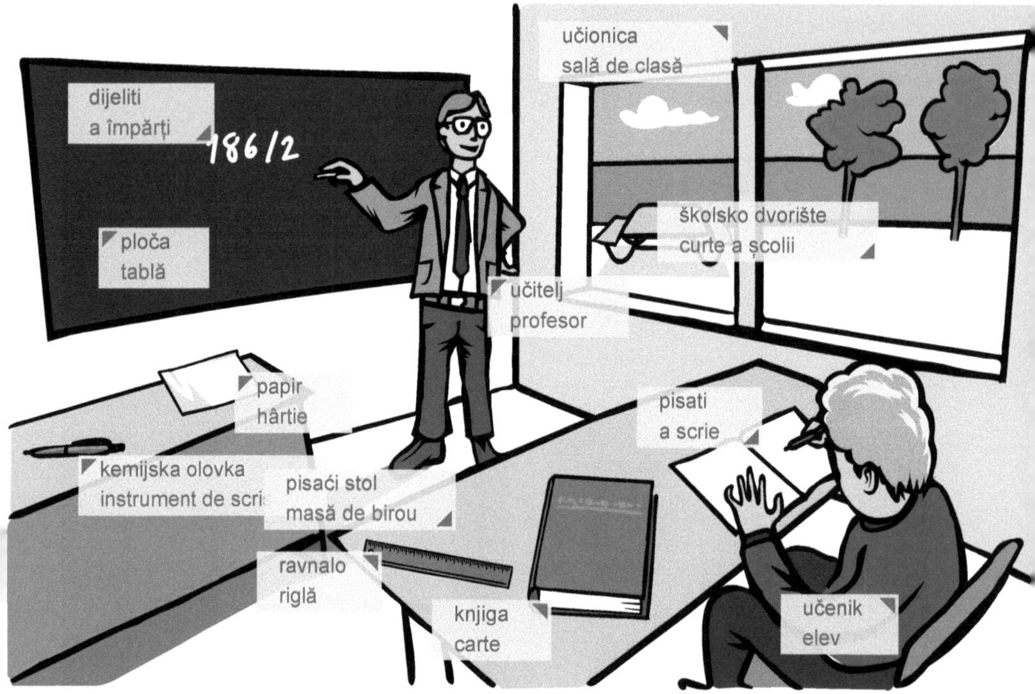

učionica
sală de clasă
dijeliti
a împărți
186/2
ploča
tablă
školsko dvorište
curte a școlii
učitelj
profesor
papir
hârtie
pisati
a scrie
kemijska olovka
instrument de scri
pisaći stol
masă de birou
ravnalo
riglă
knjiga
carte
učenik
elev

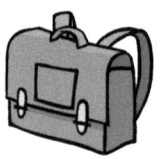

torba

ghiozdan

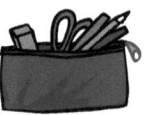

pernica

penar

grafitna olovka

creion

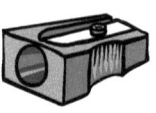

šiljilo za olovke

ascuțitoare

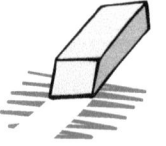

gumica za brisanje

radieră

blok za crtanje

bloc de desen

crtež
desen

kist
pensulă

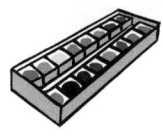

kutija s bojama
cutie de acuarele

makaze
foarfece

ljepilo
lipici

bilježnica
caiet de exerciții

domaći zadatak
temă

12

broj
număr

2+2

sabirati
a aduna

5-2

oduzimati
a scădea

2×2

množiti
a multiplica

računati
a calcula

slovo
literă

ABCDEFG HIJKLMN OPQRSTU VWXYZ

abeceda
alfabet

hello

riječ
cuvânt

tekst
text

čitati
a citi

kreda
cretă

sat
oră

dnevnik
catalog

ispit
examen

svjedodžba
certificat

školska uniforma
uniformă școlară

obrazovanje
educație

leksikon
enciclopedie

sveučilište
universitate

mikroskop
microscop

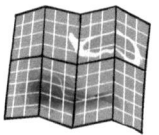

karta
hartă

košara za papir
coș de gunoi

putovanje
călătorie

hotel
hotel
Grand
prenoćište
hostel
ROOMS
EXCHANGE
mjenjačnica
casă de schimb valutar
kofer
valiză
auto
autovehicul

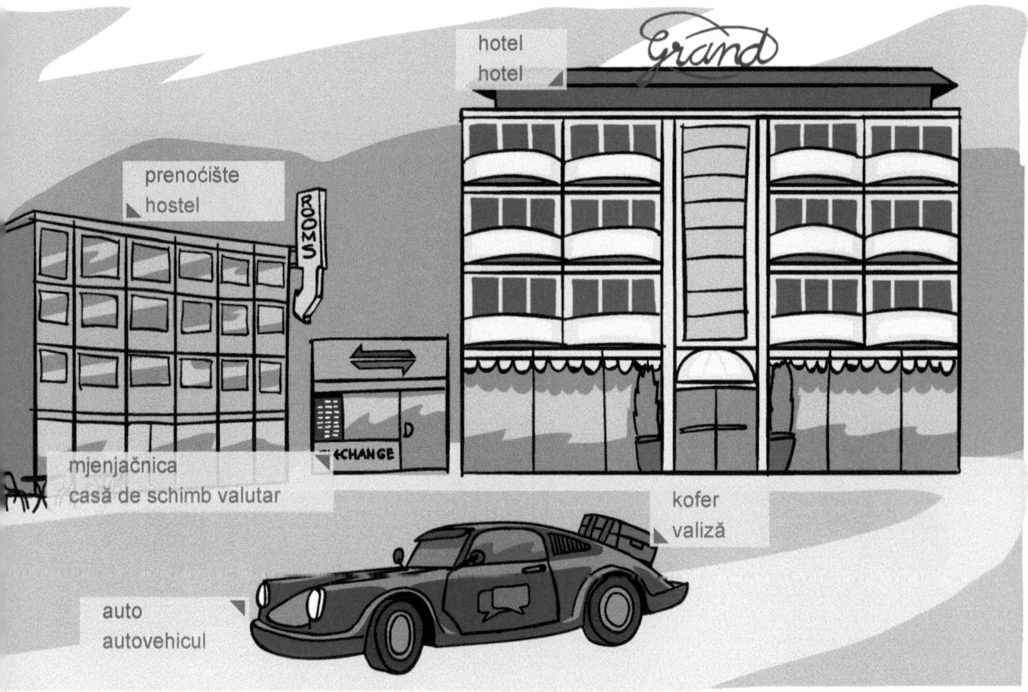

jezik
limbă

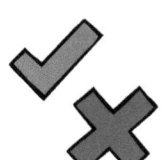

da / ne
da/nu

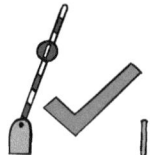

okay
okay

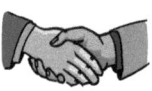

zdravo
Bună!

prevoditelj
interpret

hvala
mulţumesc

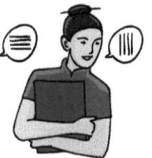

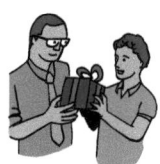

Koliko košta...?

Cât costă...?

ne razumijem

Nu înțeleg

problem

problemă

dobro veče!

Bună seara!

Dobro jutro!

Bună dimineața!

Laku noć!

Noapte bună!

doviđenja

la revedere

smjer

direcție

prtljaga

bagaj

torba

geantă

ruksak

rucsac

gost

oaspete

soba

cameră

vreća za spavanje

sac de dormit

šator

cort

turističke informacije
punct de informare turistică

plaža
plajă

kreditna kartica
carte de credit

doručak
mic dejun

ručak
masa de prânz

večera
cină

karta za vožnju
bilet de călătorie

dizalo
lift

poštanska markica
timbru poştal

granica
graniţă

carina
vamă

ambasada
ambasadă

viza
viză

putovnica
paşaport

transport
transport

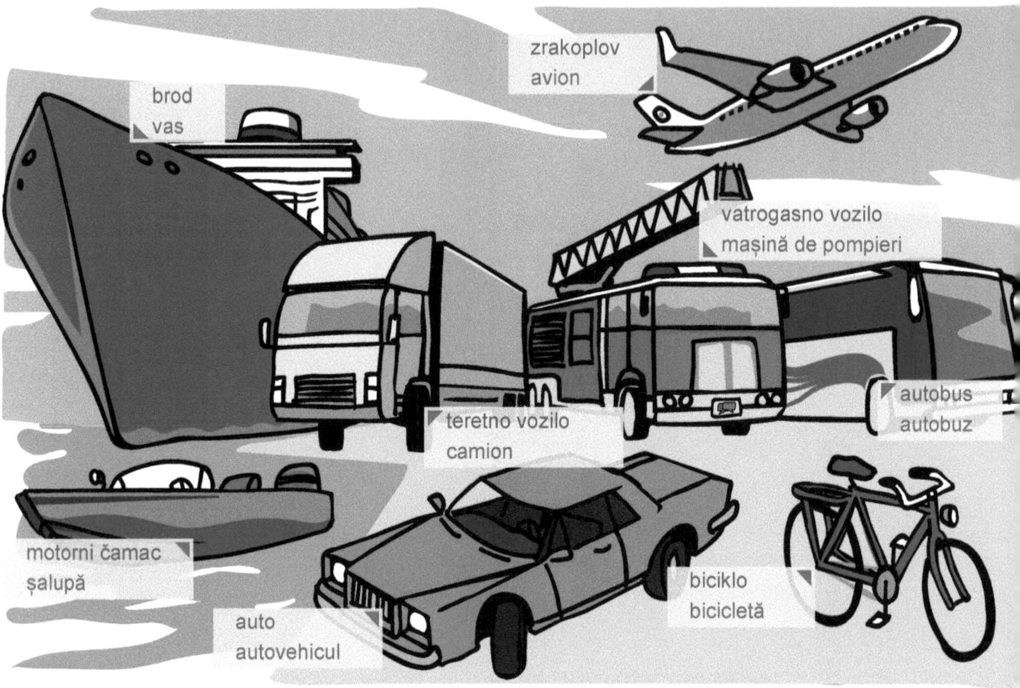

zrakoplov
avion
brod
vas
vatrogasno vozilo
mașină de pompieri
autobus
autobuz
teretno vozilo
camion
motorni čamac
șalupă
biciklo
bicicletă
auto
autovehicul

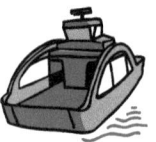

trajekt

feribot

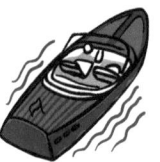

čamac

barcă

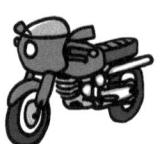

motocikl

motocicletă

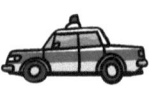

policijski auto

mașină de poliție

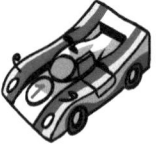

trkaći auto

mașină de curse

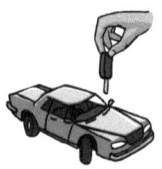

iznajmljeno auto

mașină închiriată

dijeljenje automobila

car sharing

vučno vozilo

mașină de tractat

vozilo za odvoz smeća

mașină de gunoi

motor

motor

benzin

combustibil

benzinska postaja

benzinărie

prometni znak

semn de circulație

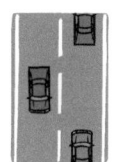

promet

trafic

zastoj

ambuteiaj

parkiralište

parcare

kolodvor

gară

šine

șine

vlak

tren

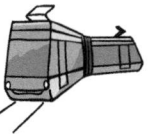

tramvaj

tramvai

vagon

vagon

helikopter
elicopter

zrakoplovna luka
aeroport

toranj
turn

putnik
pasager

kontejner
container

karton
carton

kolica
căruță

košara
coș

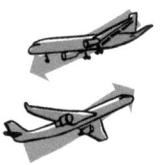

uzletjeti / sletjeti
a decola/a ateriza

grad

oraș

selo
sat

centar grada
centru

kuća
casă

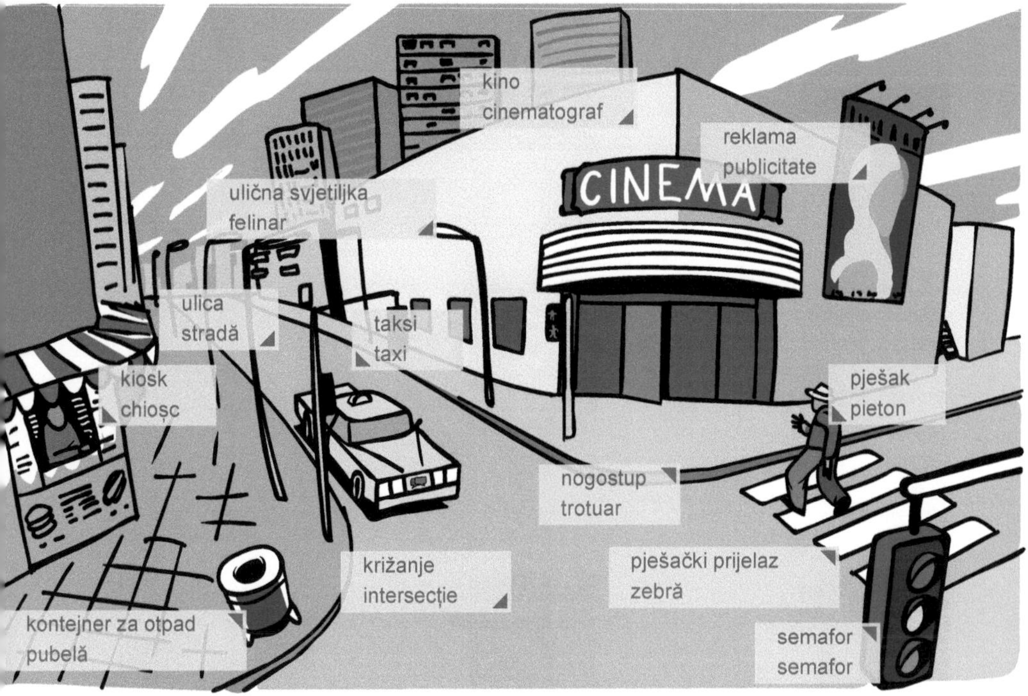

kino
cinematograf

reklama
publicitate

ulična svjetiljka
felinar

ulica
strada

taksi
taxi

kiosk
chioșc

pješak
pieton

nogostup
trotuar

križanje
intersecție

pješački prijelaz
zebră

kontejner za otpad
pubelă

semafor
semafor

koliba
....
cabană

stan
....
apartament

kolodvor
....
gară

vijećnica
....
primărie

muzej
....
muzeu

škola
....
școală

grad - oraș

sveučilište

universitate

banka

bancă

bolnica

spital

hotel

hotel

ljekarna

farmacie

ured

birou

knjižara

librărie

prodavaonica

magazin

cvjećara

florărie

supermarket

supermarket

trg

piață

robna kuća

magazin universal

ribarnica

comerciant de pește

trgovački centar

centru comercial

luka

port

grad - oraș

park
parc

klupa
bancă

most
pod

stepenice
trepte

podzemna željeznica
metrou

tunel
tunel

autobusna stanica
stație de autobuz

bar
bar

restoran
restaurant

poštansko sanduče
cutie poștală

ulični znak
tăbliță indicatoare cu
numele străzii

parkirni sat
parcometru

zoološki vrt
grădină zoologică

bazen
piscină

džamija
moschee

grad - oraș

seosko gazdinstvo

gospodărie țărănească

zagađenje okoliša

poluare

groblje

cimitir

crkva

biserică

igralište

loc de joacă

hram

templu

krajolik
peisaj

list
frunză

putokaz
indicator

put
drum

livada
pajiște

kamen
piatră

drvo
copac

šetač
drumeț

rijeka
râu

trava
iarbă

cvijet
floare

dolina
vale

planina
deal

jezero
lac

šuma
pădure

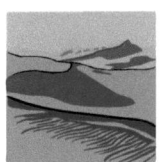

pustinja
deșert

vulkan
vulcan

dvorac
castel

duga
curcubeu

gljiva
ciupercă

palma
palmier

moskito
țânțar

muha
muscă

mrav
furnică

pčela
albină

pauk
păianjen

buba
gândac

žaba
broască

vjeverica
veveriță

jež
arici

zec
iepure

sova
bufniță

ptica
pasăre

labud
lebădă

divlja svinja
porc mistreț

jelen
cerb

los
elan

nasip
dig

vjetrenjača
turbină eoliană

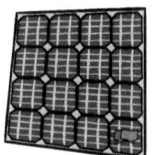

solarna ploča
panou solar

klima
climă

krajolik - peisaj

restoran

restaurant

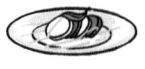

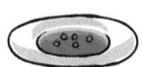

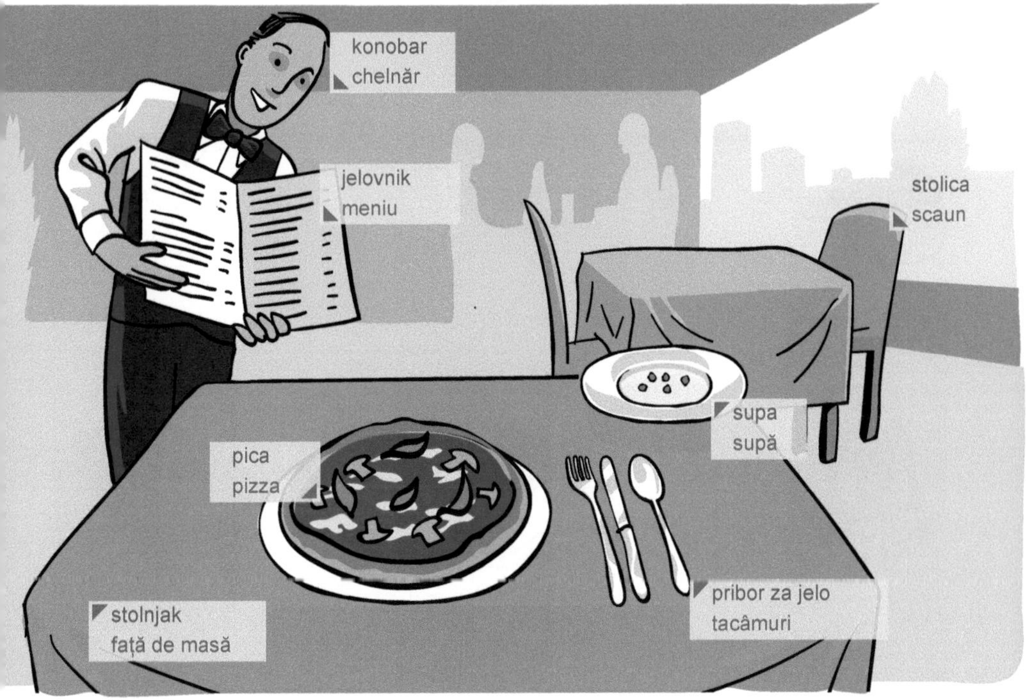

konobar
chelnăr
jelovnik
meniu
stolica
scaun
supa
supă
pica
pizza
pribor za jelo
tacâmuri
stolnjak
față de masă

predjelo

antreu

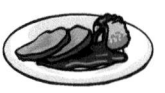

glavno jelo

fel principal

desert

desert

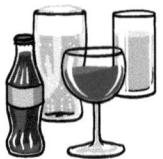

napitci

băuturi

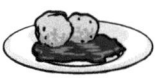

jelo

mâncare

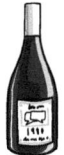

boca

sticlă

fastfood
fastfood

imbis hrana
streetfood

čajnik
ceainic

doza za šećer
zaharniță

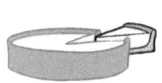

porcija
porție

aparat za espresso
espressor

visoka stolica
scaun înalt (pentru copii)

račun
factură

pladanj
tavă

nož
cuțit

vilica
furculiță

žlica
lingură

čajna žlica
linguriță

ubrus
șervețel

čaša
pahar

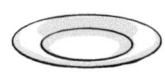

tanjur

farfurie

tanjur za supu

farfurie de supă

tanjurić

farfurie

sos

sos

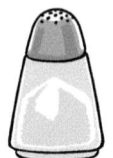

soljenka

solniță

mlin za biber

râșniță de piper

ocat

oțet

ulje

ulei

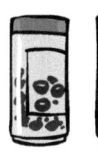

začini

condimente

kečap

ketchup

senf

muștar

majoneza

maioneză

supermarket

supermarket

ponuda
ofertă
FOR
kupac
client
mliječni proizvodi
produse lactate
voće
fructe
kolica za kupnju
cărucior de cumpărături

BUTCHERS

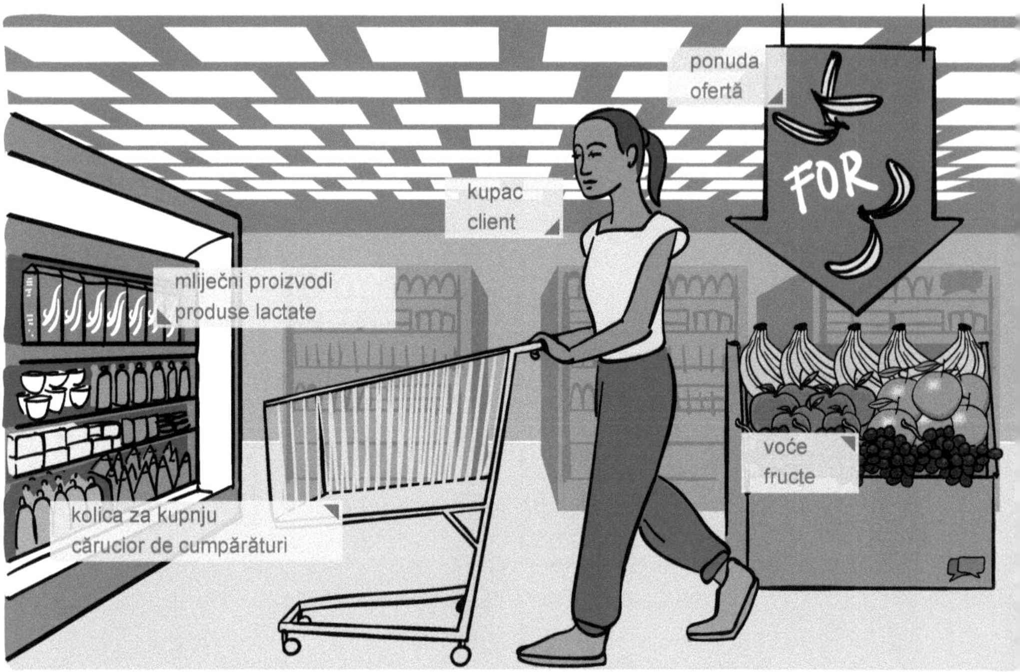

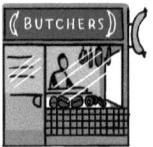

mesnica

măcelărie

BAKERY

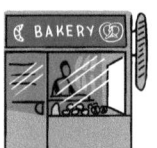

pekarnica

brutărie

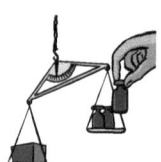

vagati

a cântări

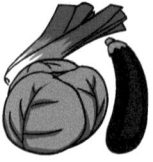

povrće

legume

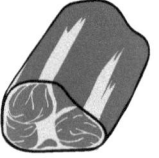

meso

carne

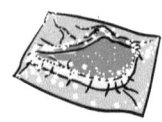

duboko smrznuta hrana

alimente refrigerate

narezak

ezeluri și brânzeturi feliate

konzerve

conserve

sredstvo za pranje

detergent

slatkiši

dulciuri

artikli za domaćinstvo

articole de menaj

sredstva za čišćenje

produse de curăţenie

prodavačica

vânzătoare

blagajna

casă

blagajnik

casier

lista za kupnju

listă de cumpărături

vrijeme rada

orar

novčanik

portmoneu

kreditna kartica

carte de credit

torba

geantă

plastična vrećica

pungă de plastic

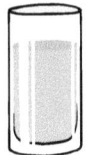

voda

apă

sok

suc

mlijeko

lapte

cola

cola

vino

vin

pivo

bere

alkohol

alcool

kakao

cacao

čaj

ceai

kava

cafea

espresso

espresso

cappuccino

cappucino

banana
banane

jabuka
măr

naranča
portocală

lubenica
pepene

limun
lămâie

mrkva
morcov

češnjak
usturoi

bambus
bambus

luk
ceapă

gljiva
ciupercă

orašasti plodovi
nuci

rezanci
paste făinoase

špagete

spagheti

riža

orez

salata

salată

pomfrit

cartofi prăjiți

pečeni krumpir

cartofi țărănești

pica

pizza

hamburger

hamburger

sendvič

sandwich

šnicla

șnițel

pršut

șuncă

salama

salam

kobasica

cârnați

kokoš

pui

pečenje

friptură

riba

pește

zobene pahuljice

fulgi de ovăz

musli

musli

kukuruzne pahuljice

cereale

brašno

făină

roščić

corn

pecivo

chifle

kruh

pâine

toast

pâine prăjită

keksi

biscuiți

maslac

unt

svježi sir

brânză de vaci

kolač

prăjitură

jaje

ou

jaje na oko

ouă ochiuri

sir

brânză

sladoled
înghețată

šećer
zahăr

med
miere

marmelada
marmeladă

nugat krema
cremă nuga

curry
curry

seosko gazdinstvo

gospodărie țărănească

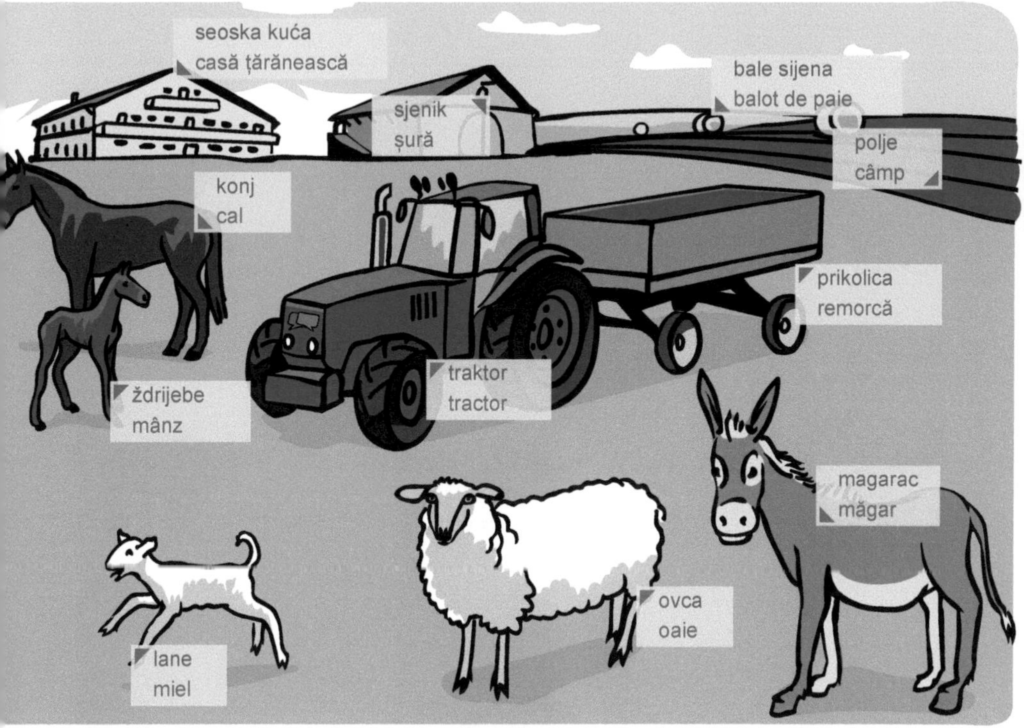

seoska kuća
casă țărănească
sjenik
șură
bale sijena
balot de paie
polje
câmp
konj
cal
prikolica
remorcă
traktor
tractor
ždrijebe
mânz
magarac
măgar
ovca
oaie
lane
miel

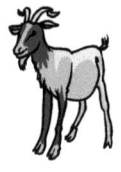

koza

capră

krava

vacă

tele

vițel

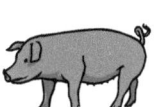

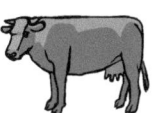

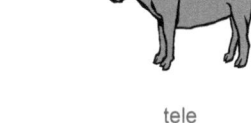

svinja

porc

prase

purcel

bik

taur

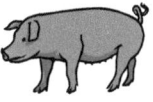

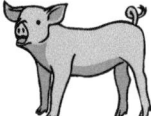

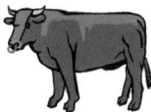

guska
găină

patka
rață

pilići
pui

kokoš
găină

pijetao
cocoș

pacov
șobolan

mačka
pisică

miš
șoarece

vol
bou

pas
câine

kućica za psa
cușcă

vrtno crijevo
furtun de grădină

kanta za polijevanje
stropitoare

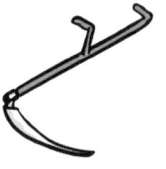

kosa
coasă

plug
plug

srp
secerǎ

motika
sapǎ

vilica za gnojivo
furcǎ

sjekira
secure

tačke
roabǎ

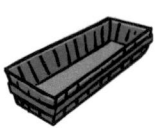

korito
troacǎ

posuda za mlijeko
canǎ pentru lapte

vreća
sac

ograda
gard

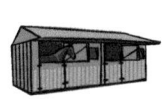

štala
grajd

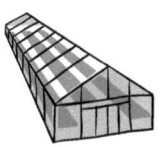

staklenik
serǎ

zemlja
sol

sjeme
sǎmânțǎ

gnojivo
fertilizator

kombajn
combinǎ de treierat

žanjati

a culege

žetva

recoltă

yams začin

cartof yam

pšenica

grâu

soja

soia

krumpir

cartof

kukuruz

porumb

uljana repica

rapiță

voćka

pom fructifer

gomolj manioke

manioc

žitarice

cereale

kuća
casă

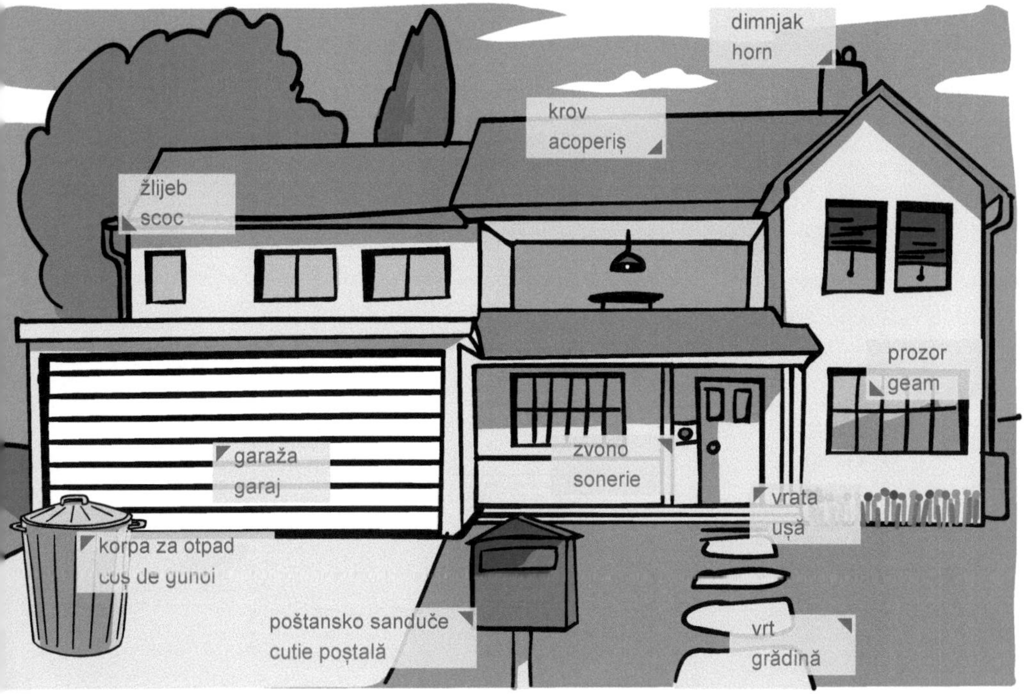
dimnjak
horn
krov
acoperiș
žlijeb
scoc
prozor
geam
garaža
garaj
zvono
sonerie
vrata
ușă
korpa za otpad
coș de gunoi
poštansko sanduče
cutie poștală
vrt
grădină

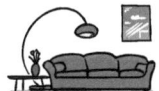

dnevna soba

camerǎ de zi

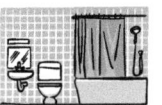

kupaonica

baie

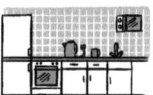

kuhinja

bucătărie

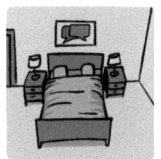

spavaća soba

dormitor

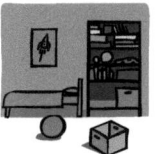

dječija soba

camera copiilor

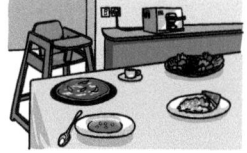

trpezarija

sufragerie

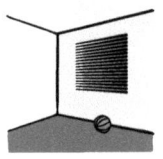

pod
podea

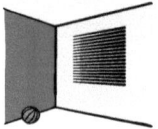

zid
perete

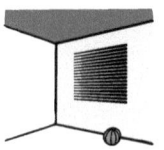

strop
tavan

podrum
pivniță

sauna
saună

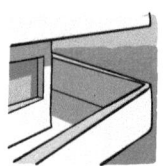

balkon
balcon

terasa
terasă

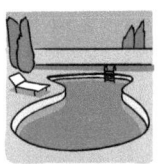

bazen
piscină

kosilica za travu
mașină de tuns iarba

posteljina za krevet
cearșaf

deka za krevet
cuvertură

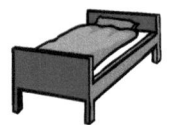

krevet
pat

metla
mătură

kanta
găleată

sklopka
întrerupător

dnevna soba
cameră de zi

tapeta
tapet
slika
pictură
svjetiljka
lampă
regal
raft
ormar
dulap
televizija
televizor
kamin
șemineu
cvijet
floare
jastuk
pernă
kauč
sofa
vaza
vază
daljinski upravljač
telecomandă

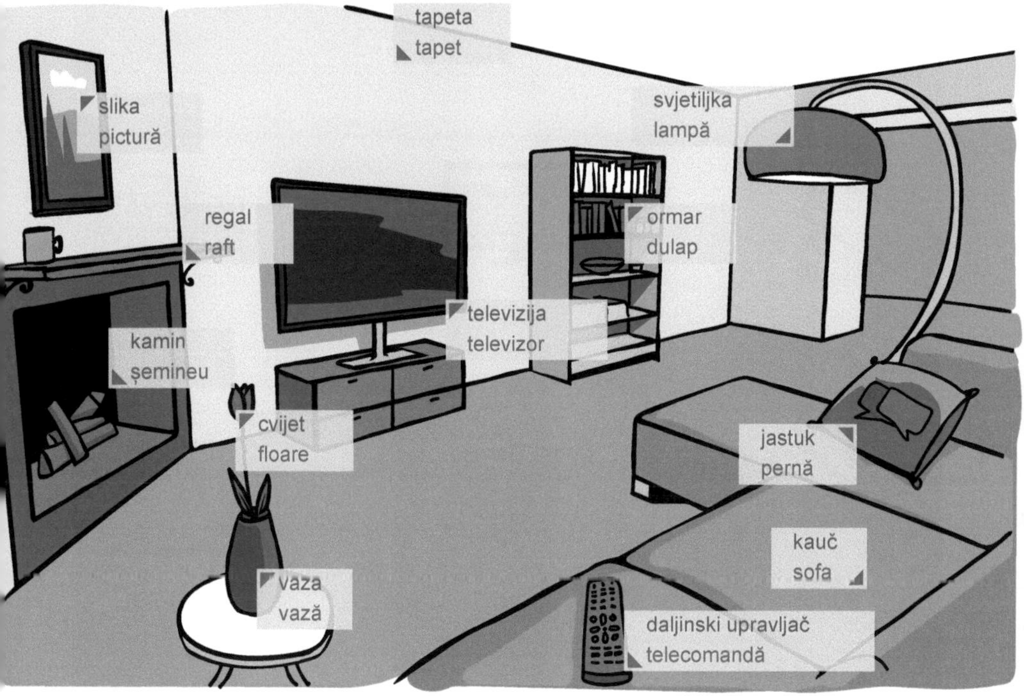

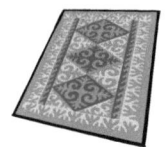

tepih

covor

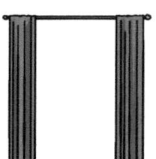

zavjesa

perdea

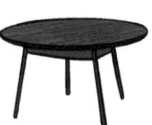

stol

masă

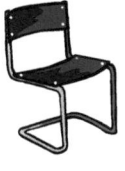

stolica

scaun

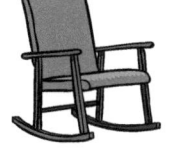

stolica za njihanje

balansoar

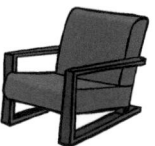

fotelja

fotoliu

knjiga

carte

deka

pătură

dekoracija

decoraţiune

drvo za ogrjev

lemn de foc

film

film

stereo uređaj

instalaţie stereo

ključ

cheie

novine

ziar

slika na platnu

desen

poster

poster

radio

radio

blok za pisanje

caiet de notiţe

usisavač

aspirator

kaktus

cactus

svijeća

lumânare

kuhinja
bucătărie

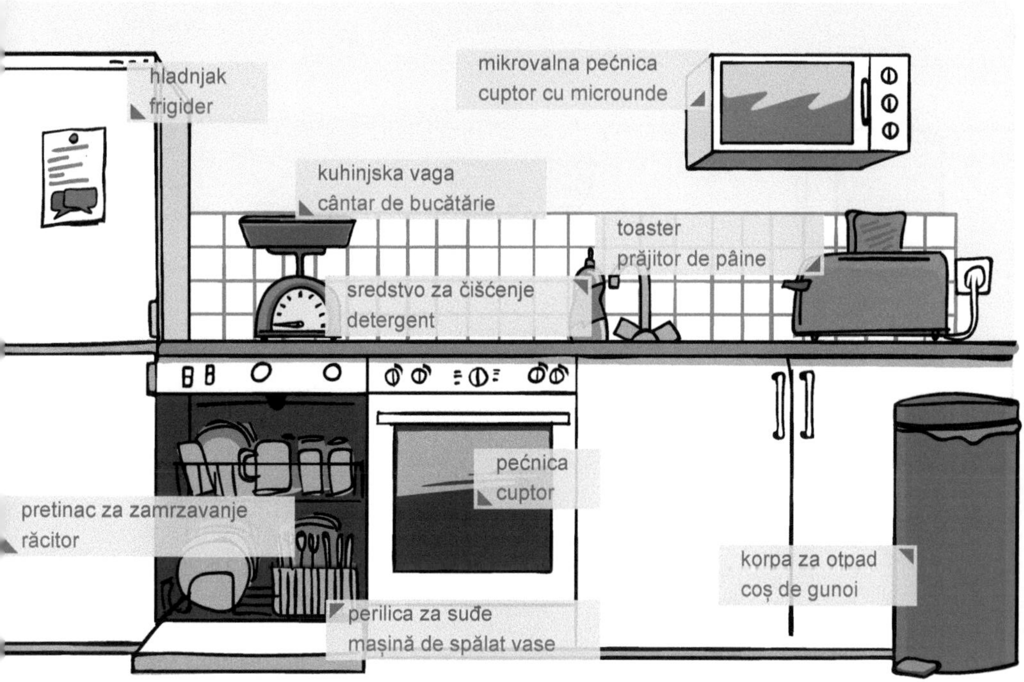
hladnjak
frigider
mikrovalna pećnica
cuptor cu microunde
kuhinjska vaga
cântar de bucătărie
toaster
prăjitor de pâine
sredstvo za čišćenje
detergent
pećnica
cuptor
pretinac za zamrzavanje
răcitor
korpa za otpad
coș de gunoi
perilica za suđe
mașină de spălat vase

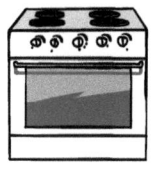

štednjak

cuptor

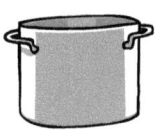

lonac

oală

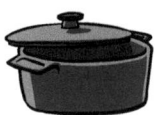

željezni lonac

oală de metal

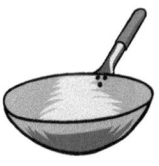

wok / kadai

wok/kadai

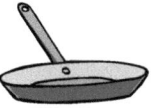

tava

tigaie

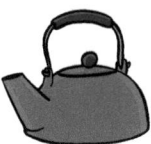

kuhalo za vodu

ceainic

kuhalo na paru

oală de gătit cu aburi

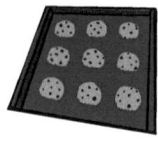

lim za pečenje

tavă de copt

posuđe

veselă

čaša

pahar

zdjela

bol

štapići za jelo

bețișoare

kutljača

polonic

lopatica

spatulă

pjenjača

tel

sito za kuhanje

sită

sito

sită

ribež

răzătoare

mužar

mojar

roštilj

grătar

ognjište

loc pentru grătar

daska
....
tocător

oklagija
....
sucitor

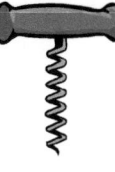

vadičep
....
tirbușon

konzerva
....
conservă

otvarač konzervi
....
deschizător de conserve

krpa za lonac
....
șervete termice

sudoper
....
chiuvetă

četka
....
perie

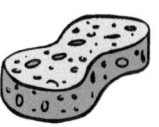

spužva
....
burete

mikser
....
mixer

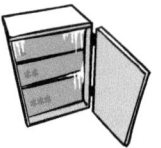

zamrzivač
....
ladă frigorifică

bočica za bebe
....
biberon

slavina za vodu
....
robinet

kuhinja - bucătărie

kupaonica
baie

grijanje
încălzire
ručnik
prosop
tuš
duș
zavjesa za tuš
perdea de duș
pjenušava kupka
baie cu spumă
kada
cadă
čaša
pahar
perilica za rublje
mașină de spălat
slavina za vodu
robinet
pločice
gresie
dječja kahlica
oală de noapte
sudoper
chiuvetă

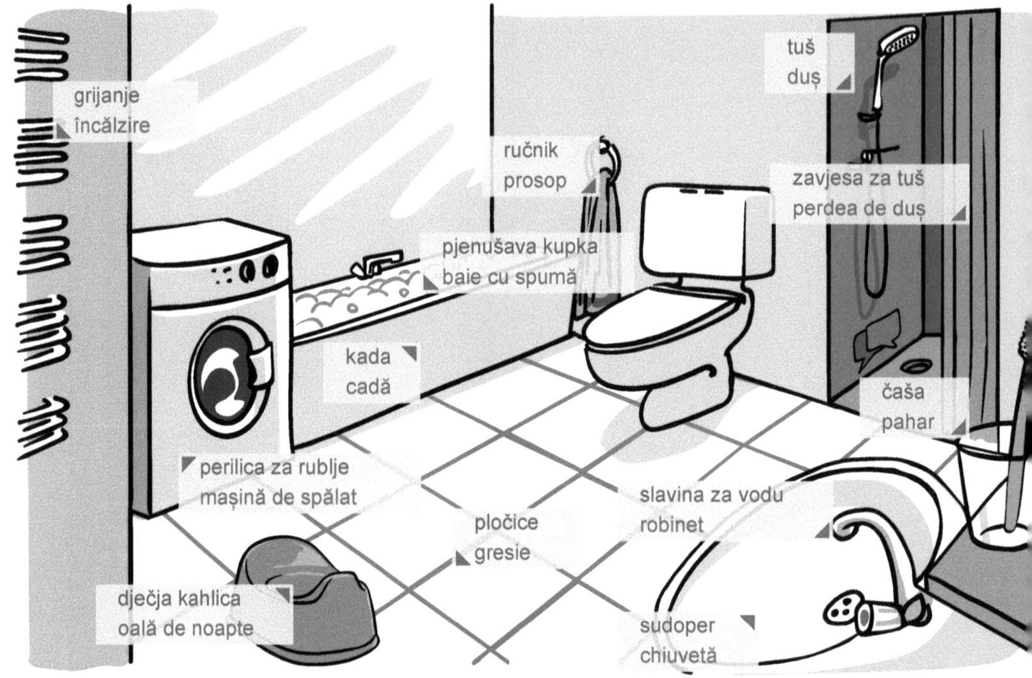

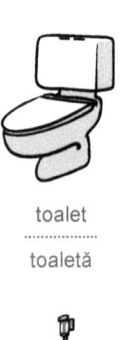

toalet
toaletă

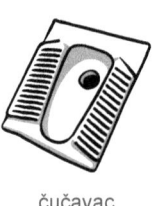

čučavac
toaletă turcescă

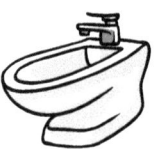

bidet
bideu

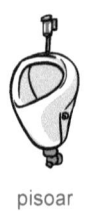

pisoar
pisoir

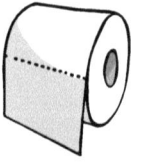

papir za toalet
hârtie igienică

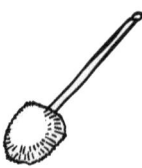

četka za toalet
perie de toaletă

četkica za zube

periuță de dinți

pasta za zube

pastă de dinți

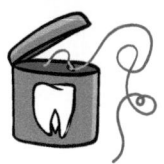

konac za zube

ață dentară

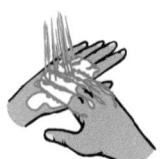

prati

a spăla

tuš ručica

cap de duș

tuš za pranje intimnih dijelova

duș intim

lavor

lavoar

četka za pranje leđa

perie pentru spate

sapun

săpun

gel za tuširanje

gel de duș

šampon

șampon

krpa za pranje

cârpă de spălat

odvod

scurgere

krema

cremă

dezodorans

deodorant

ogledalo

oglindă

kozmetičko ogledalo

oglindă cosmetică

brijač

aparat de ras

pjena za brijanje

spumă de ras

losion za poslije brijanja

aftershave

češalj

pieptene

četka

perie

sušilo za kosu

uscător de păr

sprej za kosu

fixator

makeup

machiaj

ruž za usne

ruj

lak za nokte

lac de unghii

vata

vată

škare za nokte

foarfece de unghii

parfem

parfum

neseser
neseser

stolica
taburet

vaga
cântar

ogrtač
halat de baie

rukavice za čišćenje
mănuși de cauciuc

tampon
tampon

uložak
tampon

kemijski toalet
toaletă chimică

dječija soba
camera copiilor

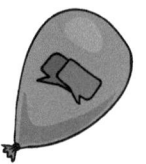

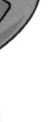

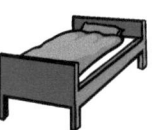

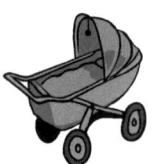

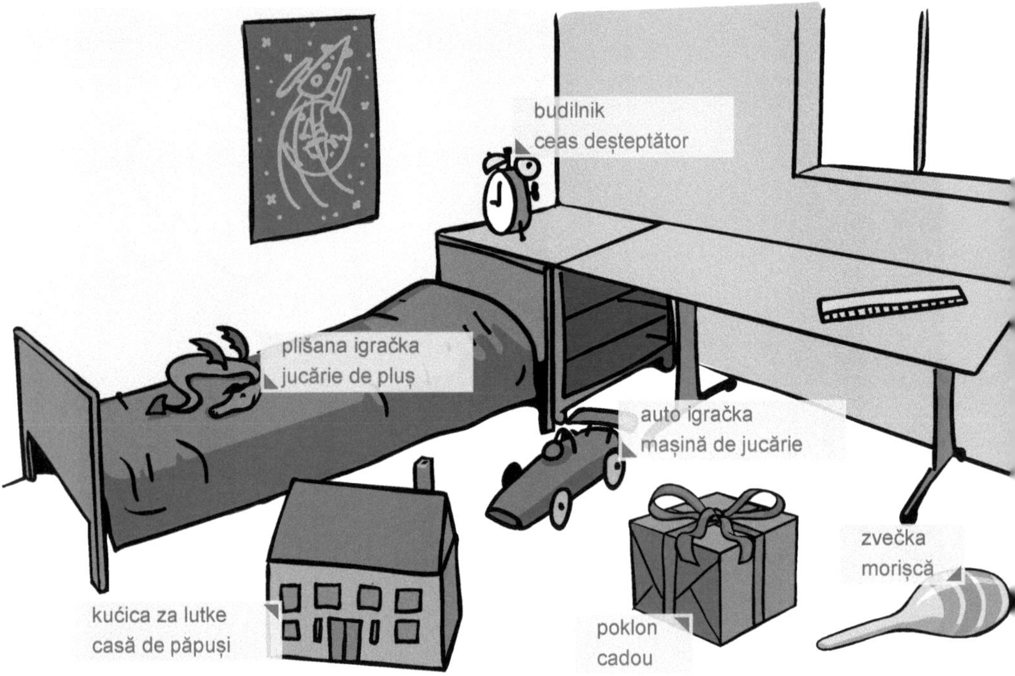
budilnik
ceas deșteptător
plišana igračka
jucărie de pluș
auto igračka
mașină de jucărie
zvečka
morișcă
kućica za lutke
casă de păpuși
poklon
cadou

balon

balon

krevet

pat

dječija kolica

cărucior de copii

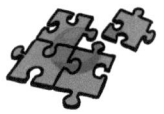

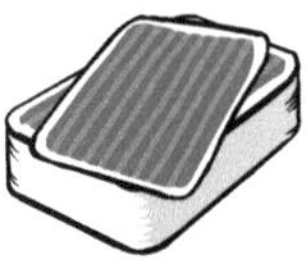

igra s kartama

joc de cărți

slagalica

puzzle

SUPER
MEGA

strip

revistă de benzi desenate

lego kockice

cuburi lego

kockice za slaganje

piese pentru construcţii

akcioni junak

personaj din filmele de acţiune

kombinezon za bebe

body

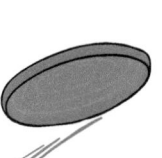

frizbi

frisbee

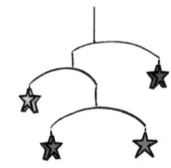

viseće igračke

mobil

društvene igre

joc de societate

kocka

zar

minijaturna željeznica

set trenuleţ de jucărie

duda

suzetă

tulum

petrecere

slikovnica

carte cu poze

lopta

minge

lutka

păpuşă

igrati

a se juca

pješčanik

groapă de nisip

ljuljačka

leagăn

igračka

jucării

konzola za igre

consolă video

tricikl

tricicletă

plišani medo

ursuleț

ormar

dulap

odjeća
îmbrăcăminte

kratke čarape

šosete

čarape

ciorapi

hulahopke

dres

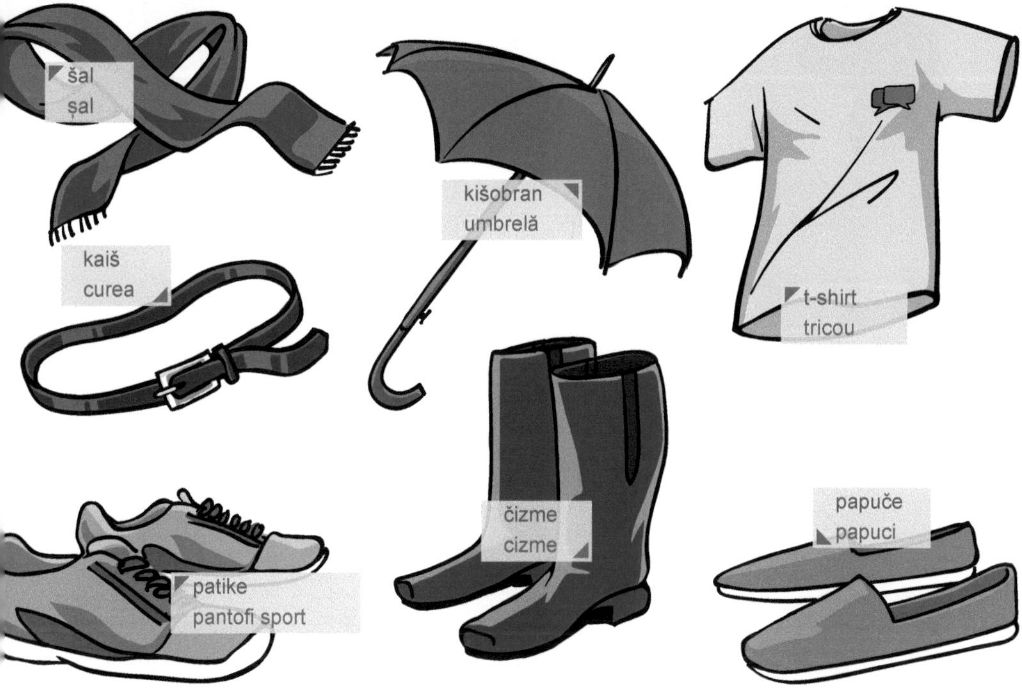

šal
șal

kaiš
curea

kišobran
umbrelă

t-shirt
tricou

patike
pantofi sport

čizme
cizme

papuče
papuci

sandale
....
sandale

cipele
....
încălțăminte

gumene čizme
cizme de cauciuc

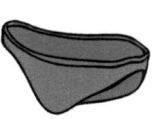
gaćice
....
chilot

grudnjak
....
sutien

potkošulja
....
maiou

bodi

body

hlače

pantaloni

džins

blugi

haljina

fustă

bluza

bluză

košulja

cămașă

džemper

pulover

pulover s kapuljačom

jerseu

blejzer

sacou

jakna

jachetă

kaput

palton

kabanica

pelerină de ploaie

kostim

costum

haljina

rochie

vjenčanica

rochie de mireasă

odijelo

costum

spavaćica

cămașă de noapte

pidžama

pijama

sari

sari

rubac

batic

turban

turban

burka

burka

kaftan

caftan

abaja

abaya

kupaći kostim

costum de baie

kupaće gaćice

șort

kratke hlače

pantaloni scurți

odjeća za trening

trening

pregača

șorț

rukavice

mănuși

gumb

nasture

naočale

ochelari

narukvica

brățară

ogrlica

lanț

prsten

inel

naušnica

cercel

kapa

căciulă

vješalica

umeraș

šešir

pălărie

kravata

cravată

patent zatvarač

fermoar

kaciga

cască

naramenice

bretele

školska uniforma

uniformă școlară

uniforma

uniformă

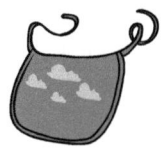

podbradak

bavețică

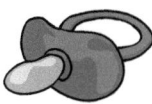

duda

suzetă

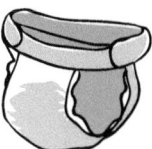

pelena

scutec

ured
birou

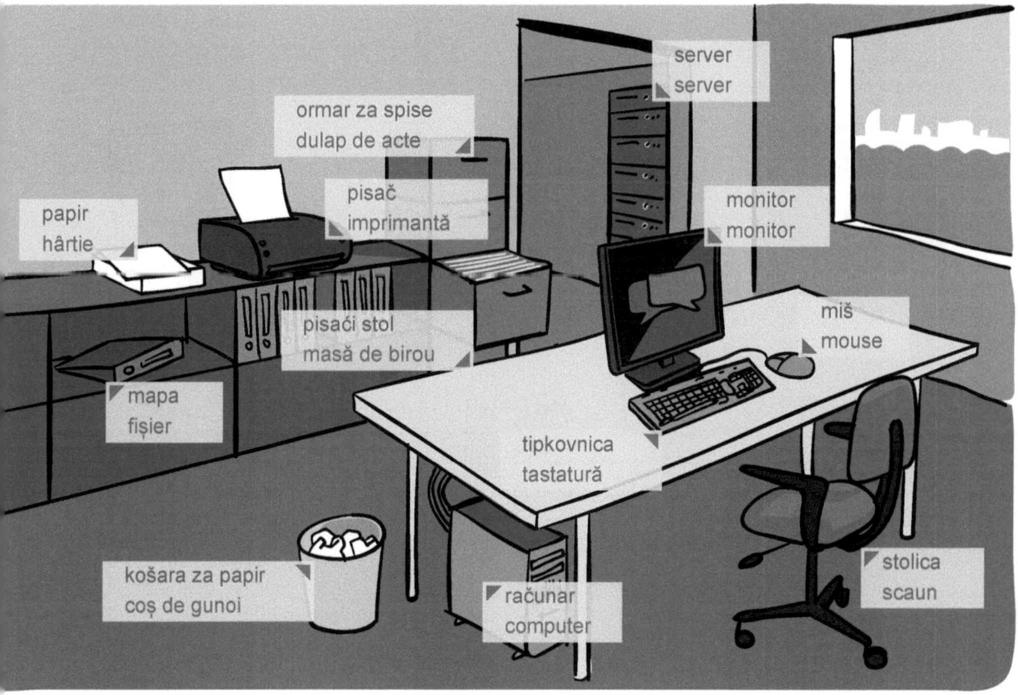

server
server
ormar za spise
dulap de acte
pisač
imprimantă
papir
hârtie
monitor
monitor
miš
mouse
pisaći stol
masă de birou
mapa
fișier
tipkovnica
tastatură
stolica
scaun
košara za papir
coș de gunoi
računar
computer

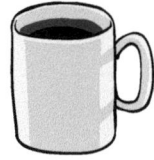

šalica za kavu

ceașcă de cafea

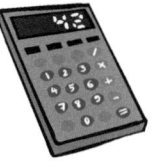

kalkulator

calculator

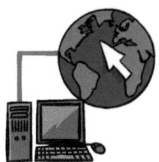

internet

internet

laptop
....
laptop

pismo
....
scrisoare

poruka
....
mesaj

mobilni telefon
....
telefon mobil

mreža
....
rețea

uređaj za kopiranje
....
copiator

softver
....
software

telefon
....
telefon

utičnica
....
priză

faks
....
fax

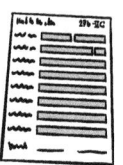

obrazac
....
formular

dokument
....
document

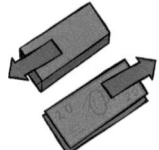

kupovati
....
a cumpăra

platiti
....
a plăti

trgovati
....
a face comerţ

novac
....
bani

dolar
....
Dolar

euro
....
Euro

jen
....
Yen

rubalj
....
Rublă

švicarski franak
....
Franc Elveţian

renmindbi yuan
....
renminbi yuan

rupija
....
Rupie

automat za novac
....
bancomat

mjenjačnica

casă de schimb valutar

zlato

aur

srebro

argint

nafta

petrol

energija

energie

cijena

preţ

ugovor

contract

porez

impozit

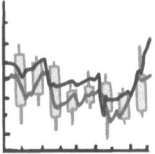

dionica

acţiune

raditi

a munci

službenik

angajat

poslodavac

angajator

tvornica

fabrică

prodavaonica

magazin

policajac
polițist

vatrogasac
pompier

kuhar
bucătar

liječnik
medic

pilot
pilot

vrtlar
grădinar

stolar
tâmplar

krojačica
cusătoreasă

sudija
judecător

kemičar
chimist

glumac
actor

vozač autobusa

šofer de autobuz

vozač taksija

šofer de taxi

ribar

pescar

čistačica

femeie de serviciu

krovopokrivač

tinichigiu

konobar

chelnăr

lovac

vânător

slikar

pictor

pekar

brutar

električar

electrician

građevinski radnik

muncitor în construcții

inženjer

inginer

mesar

măcelar

limar

instalator

poštar

poștaș

vojnik

soldat

arhitekta

arhitect

blagajnik

casier

cvjećar

florar

frizer

frizer

kondukter

controlor

mehaničar

mecanic

kapetan

căpitan

zubar

stomatolog

znanstvenik

om de știință

rabi

rabin

imam

imam

monah

călugăr

svećenik

preot

alati
instrumente

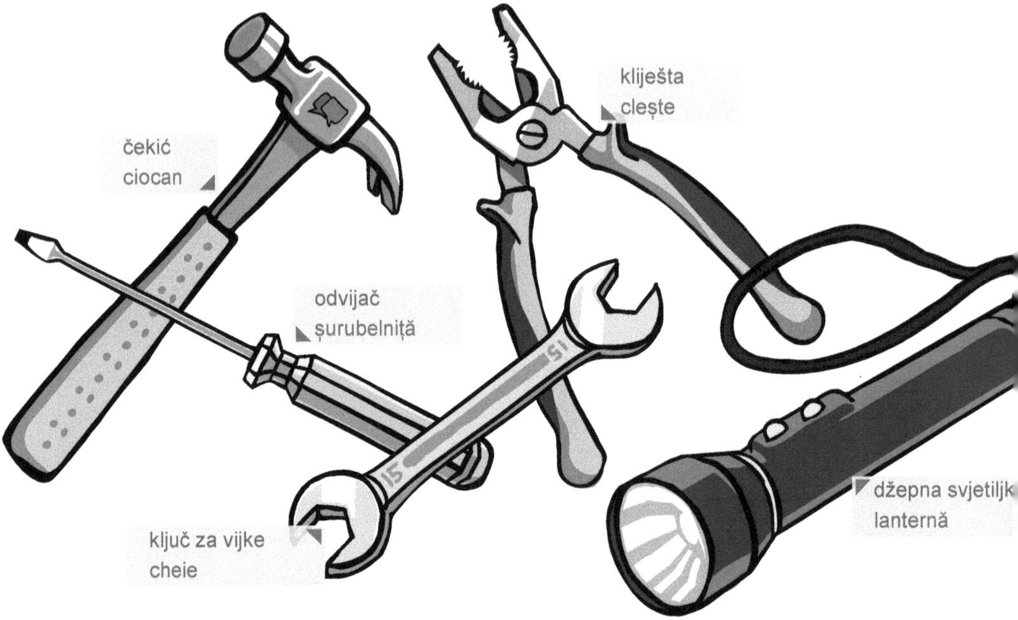

čekić
ciocan
kliješta
clește
odvijač
șurubelniță
ključ za vijke
cheie
džepna svjetiljk
lanternă

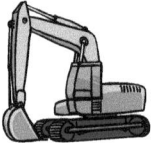

rovokopač

excavator

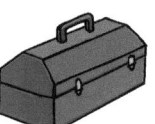

kutija za alat

cutie de scule

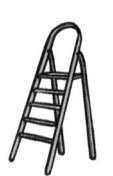

ljestve

scară

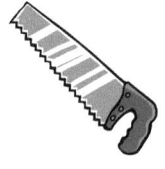

pila

ferăstrău

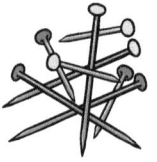

ekser

cuie

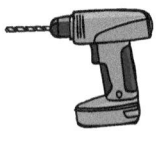

bušilica

burghiu

popraviti
a repara

lopata
lopată

Sranje!
La naiba!

lopatica
făraș

lonac za boju
vas pentru vopsea

vijci
șuruburi

glazbeni instrument
instrumente muzicale

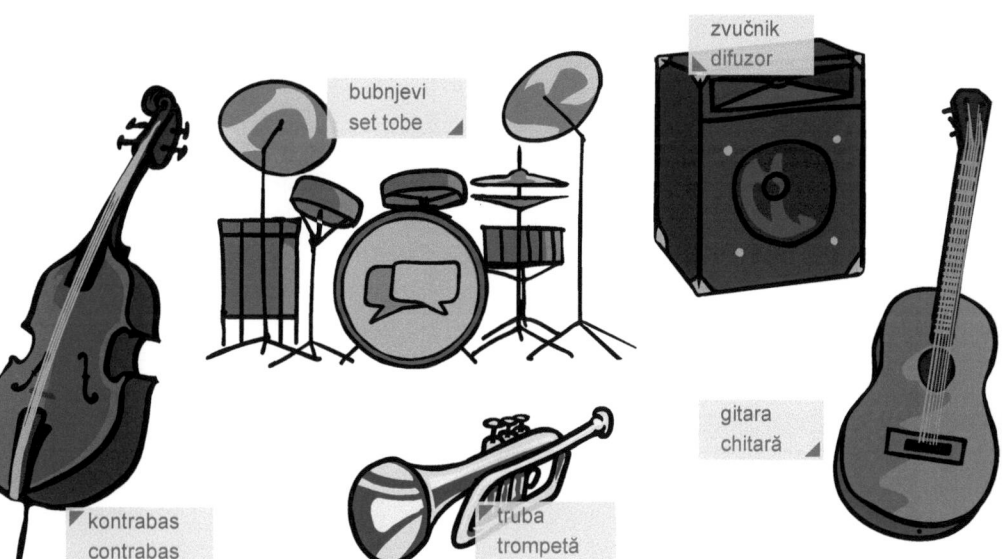

bubnjevi
set tobe

zvučnik
difuzor

kontrabas
contrabas

truba
trompetă

gitara
chitară

klavir

pian

violina

vioară

bas

bas

timpani

trombon

udaraljke za bubnjeve

tobă

keyboard

keyboard

saksofon

saxofon

flauta

fluier

mikrofon

microfon

zoološki vrt
grădină zoologică

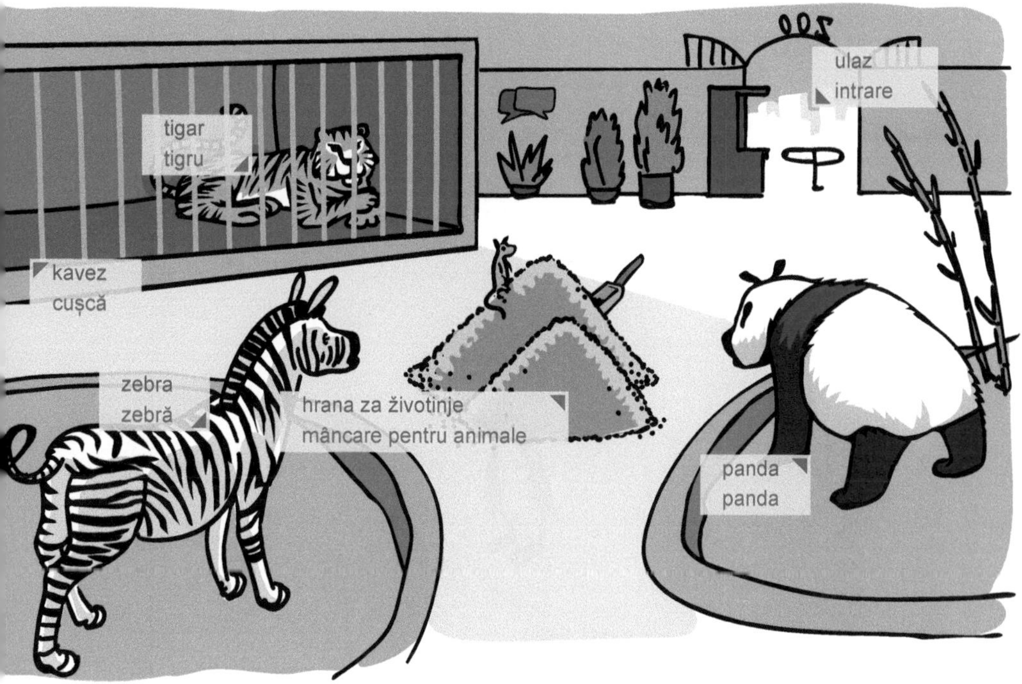
ulaz
intrare
tigar
tigru
kavez
cușcă
zebra
zebră
hrana za životinje
mâncare pentru animale
panda
panda

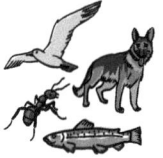

životinje

animale

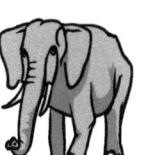

slon

elefant

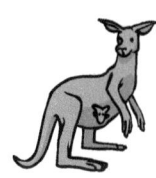

kengur

cangur

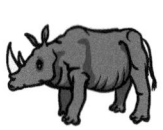

nosorog

rinocer

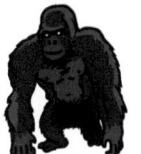

gorila

gorilă

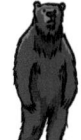

medvjed

urs

kamila

cămilă

noj

struț

lav

leu

majmun

maimuță

flamingo

flamingo

papagaj

papagal

polarni medvjed

urs polar

pingvin

pinguin

ajkula

rechin

paun

păun

zmija

șarpe

krokodil

crocodil

čuvar u zoološkom vrtu

îngrijitor grădina zoologică

tuljan

focă

jaguar

jaguar

poni
ponei

leopard
leopard

nilski konj
hipopotam

žirafa
girafă

orao
acvilă

divlja svinja
porc mistreț

riba
pește

kornjača
broască țestoasă

morž
morsă

lisica
vulpe

gazela
gazelă

američki nogomet
fotbal american

biciklizam
ciclism

tenis
tenis

košarka
basketball

plivanje
înot

boks
box

hockey na ledu
hockey pe gheață

nogomet
fotbal

badminton
badminton

atletika
atletism

rukomet
handbal

skijanje
schi

polo
polo

aktivnosti
activități

smijati se
a râde
skočiti
a sări
zagrliti
a îmbrățișa
ići
a merge
pjevati
a cânta
sanjati
a visa
moliti se
a se ruga
poljubiti
a săruta

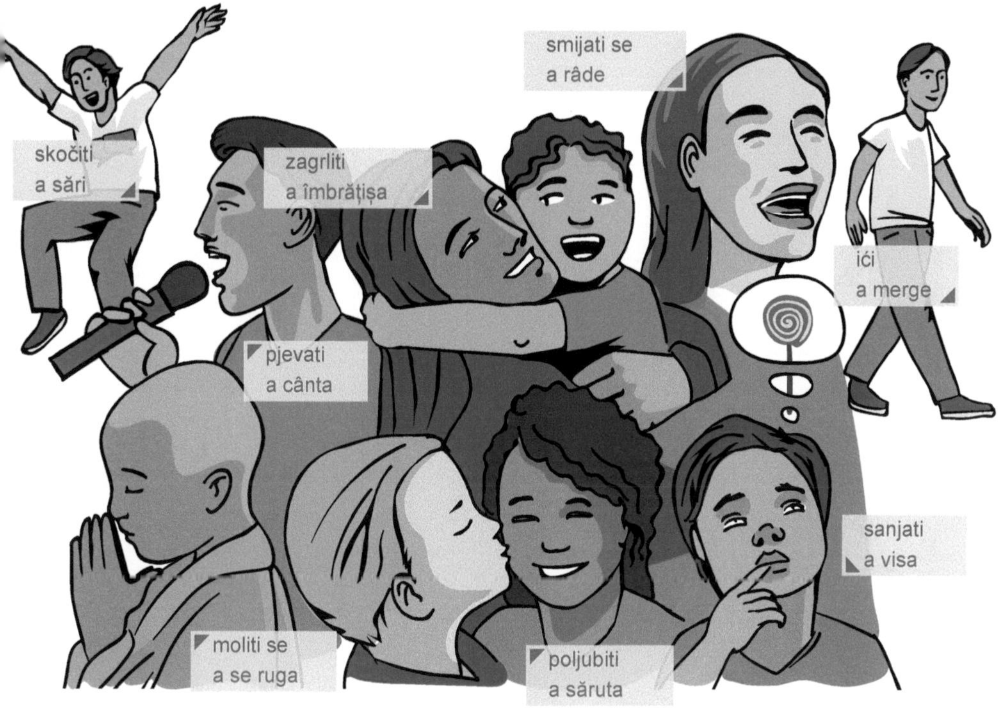

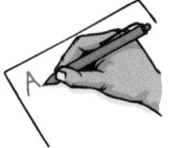

pisati

a scrie

crtati

a desena

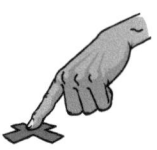

pokazati

a arăta

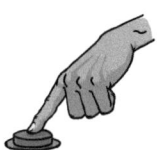

gurati

a împinge

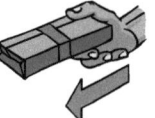

dati

a da

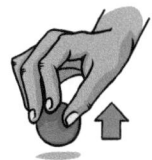

uzeti

a lua

imati

a avea

činiti

a face

biti

a fi

stojati

a sta în picioare

trčati

a fugi

povlačiti

a trage

baciti

a arunca

padati

a cădea

ležati

a sta întins

čekati

a aștepta

nositi

a purta

sjediti

a ședea

oblačiti

a se îmbrăca

spavati

a dormi

probuditi se

a se trezi

gledati
a privi

plakati
a plânge

milovati
a mângâia

češljati
a se pieptăna

govoriti
a vorbi

razumjeti
a înţelege

pitati
a întreba

slušati
a asculta

piti
a bea

jesti
a mânca

pospremiti
a face ordine

voljeti
a iubi

kuhati
a găti

voziti
a conduce

letjeti
a zbura

ploviti
a naviga

računati
a calcula

čitati
a citi

učiti
a învăța

raditi
a munci

vjenčati se
a se căsători

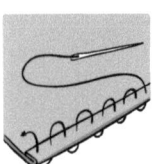

šiti
a coase

prati zube
a se spăla pe dinți

ubiti
a ucide

pušiti
a fuma

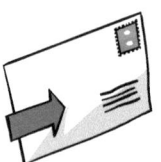

poslati
a trimite

obitelj
familie

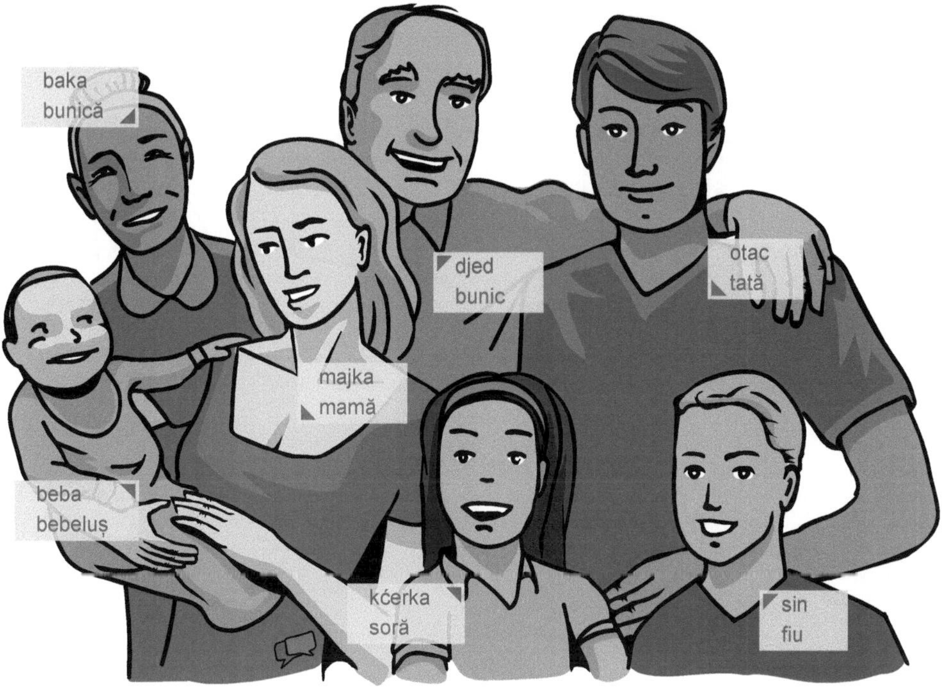
baka
bunică
djed
bunic
otac
tată
majka
mamă
beba
bebeluș
kćerka
soră
sin
fiu

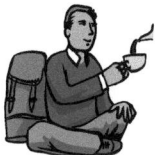

gost
oaspete

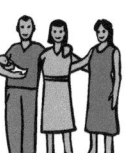

tetka
mătușă

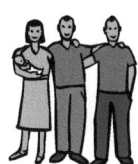

ujak, stric
unchi

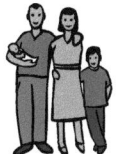

brat
frate

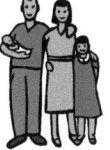

sestra
soră

tijelo
corp

čelo
frunte
oko
ochi
rame
umăr
prst
deget
lice
față
brada
bărbie
ruka
mână
grudi
piept
noga
picior
ruka
braț

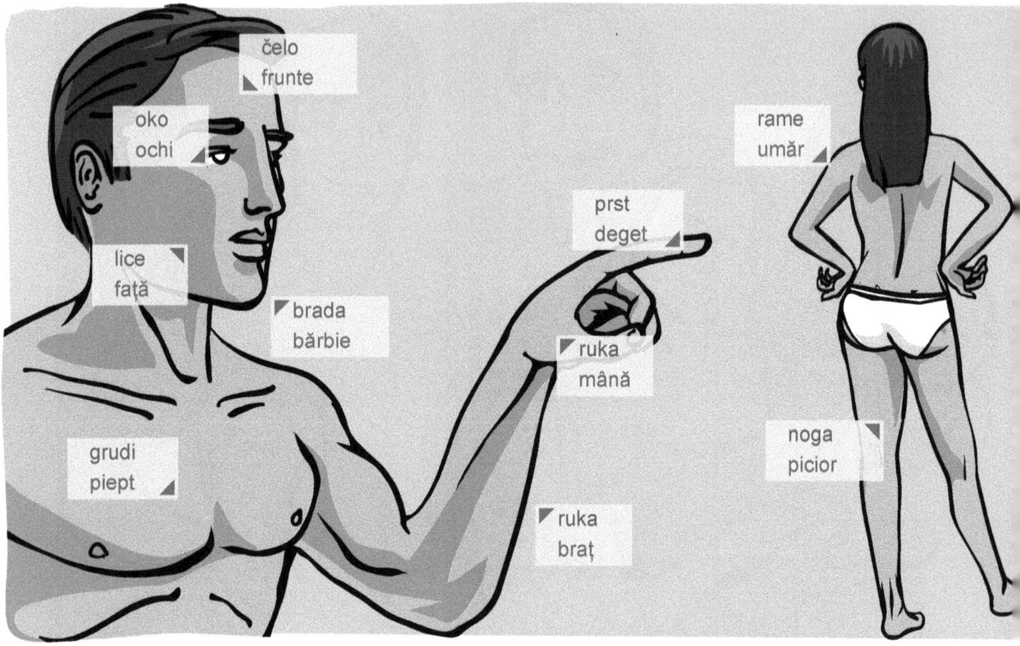

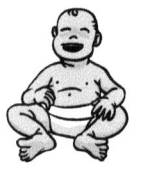

beba
bebeluș

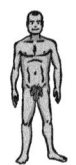

muškarac
bărbat

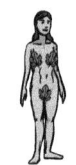

žena
femeie

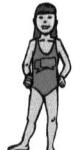

djevojčica
fată

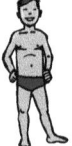

dječak
băiat

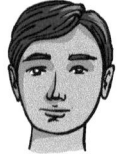

glava
cap

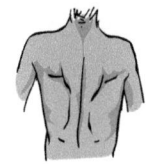

leđa
spate

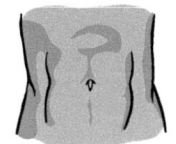

trbuh
abdomen

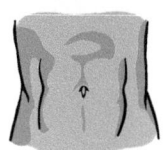

pupak
ombilic

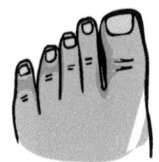

nožni prst
deget de la picior

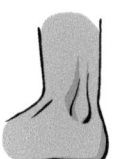

peta
călcâi

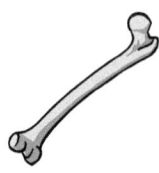

kost
os

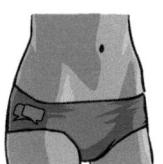

kuk
șold

koljeno
genunchi

lakat
cot

nos
nas

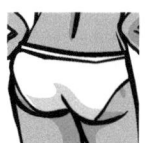

stražnjica
fund

koža
piele

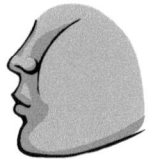

obraz
obraz

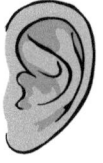

uho
ureche

usna
buză

usta
gură

zub
dinte

jezik
limbă

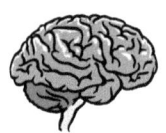
mozak
creier

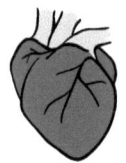
srce
inimă

mišić
mușchi

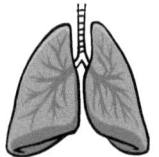
pluća
plămân

jetra
ficat

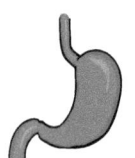
želudac
stomac

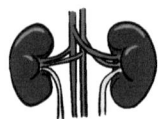
bubrezi
rinichi

snošaj
sex

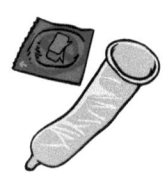
kondom
prezervativ

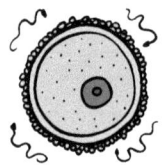
jajna stanica
ovul

sperma
spermă

trudnoća
sarcină

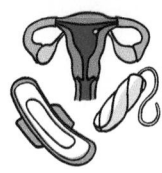

menstruacija

menstruație

vagina

vagin

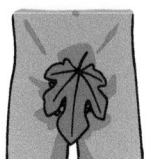

penis

penis

obrva

sprânceană

kosa

păr

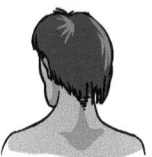

vrat

gât

bolnica
spital

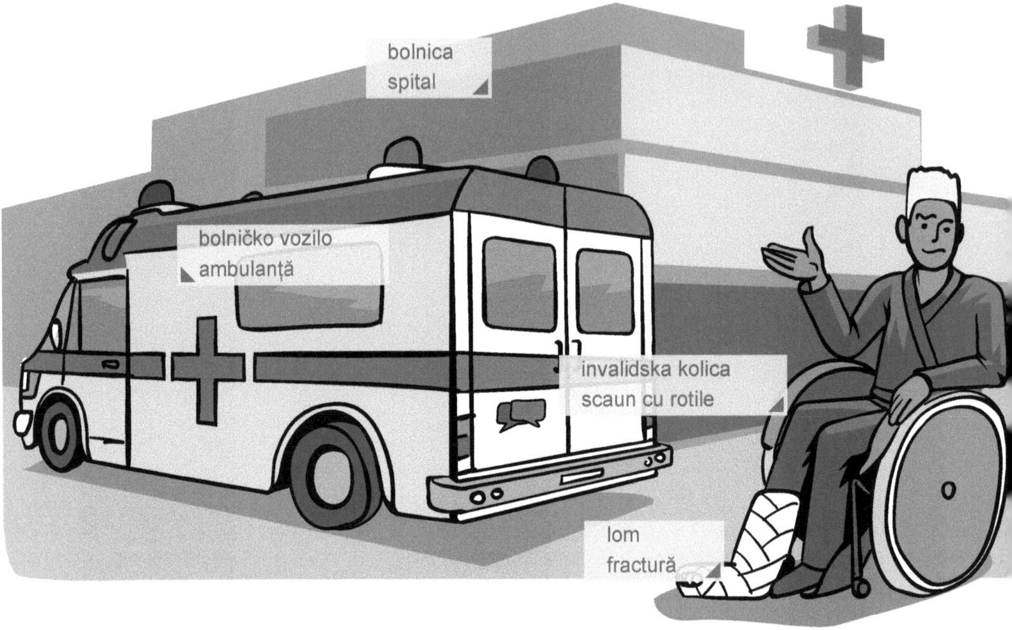

bolnica
spital
bolničko vozilo
ambulanță
invalidska kolica
scaun cu rotile
lom
fractură

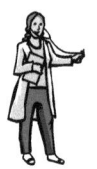

liječnik

medic

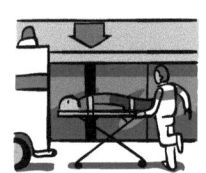

hitna medicinska služba

unitate de primiri urgențe

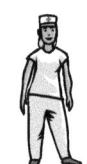

medicinska sestra

soră medicală

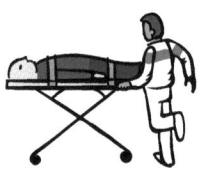

hitni slučaj

urgență

nesvijest

inconștient

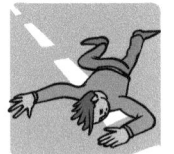

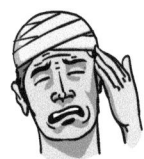

bol

durere

ozljeda

leziune

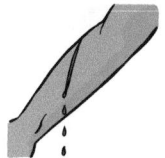

krvarenje

sângerare

srćani infarkt

infarct miocardic

moždani udar

atac cerebral

alergija

alergie

kašalj

tuse

groznica

febră

gripa

gripă

proljev

diaree

glavobolja

durere de cap

rak

cancer

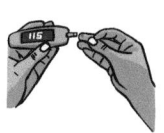

dijabetes

diabet

kirurg

chirurg

skalpel

scalpel

operacija

operaţie

ct
CT

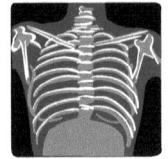

rentgen
raze Röntgen

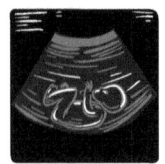

ultrazvuk
ultrasunet

maska
mască

bolest
boală

čekaonica
sală de așteptare

štaka
cârjă

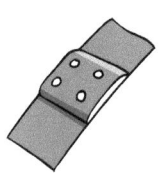

flaster
plasture

zavoj
bandaj

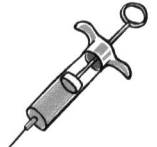

injekcija
injecție

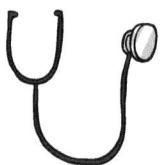

stetoskop
stetoscop

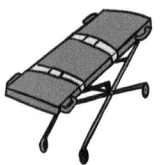

nosilo
targă

termometar
termometru

rođenje
naștere

prekomjerna težina
supraponderabilitate

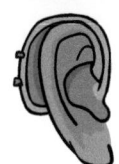

slušni aparat

aparat auditiv

sredstvo za dezinfekciju

dezinfectant

infekcija

infecție

virus

virus

hiv / sida

HIV/SIDA

medicina

medicină

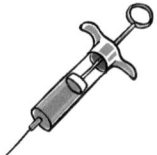

vakcinacija

vaccin

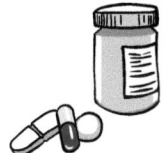

tablete

tablete

pilula

pastilă

poziv u pomoć

apel de urgență

uređaj za mjerenje tlaka

aparat de măsurare a
presiunii arteriale

bolesno / zdravo

bolnav/sănătos

pomoć!

Ajutor!

alarm

alarmă

nasrtaj

agresiune

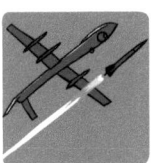

napad

atac

opasnost

pericol

izlaz za nuždu

ieşire de urgenţă

požar!

Foc!

vatrogasni aparat

extinctor

nezgoda

accident

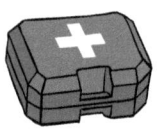

kofer prve pomoći

trusă de prim-ajutor

sos

SOS

policija

poliţie

Europa

Europa

sjeverna amerika

America de Nord

južna amerika

America de Sud

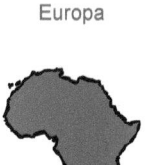

Afrika

Africa

Azija

Asia

Australija

Australia

Atlantik

Altantic

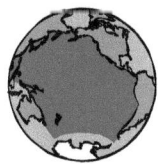

Pacifik

Pacific

ocean

Oceanul Indian

antarktički ocean

Oceanul Antarctic

arktički ocean

Oceanul Arctic

sjeverni pol

Polul Nord

južni pol
Polul Sud

Antarktik
Antarctica

zemlja
pământ

zemlja
țară

more
mare

otok
insulă

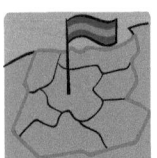

nacija
națiune

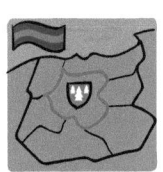

država
stat

zemlja - pământ

brojčanik sata

cadran

satna kazaljka

orar

minutna kazaljka

minutar

sekundna kazaljka

secundar

Koliko je sati?

Cât e ceasul?

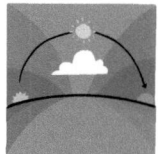

dan

zi

vrijeme

timp

sada

acum

digitalni sat

cead digital

minuta

minut

sat

oră

tjedan
săptămână

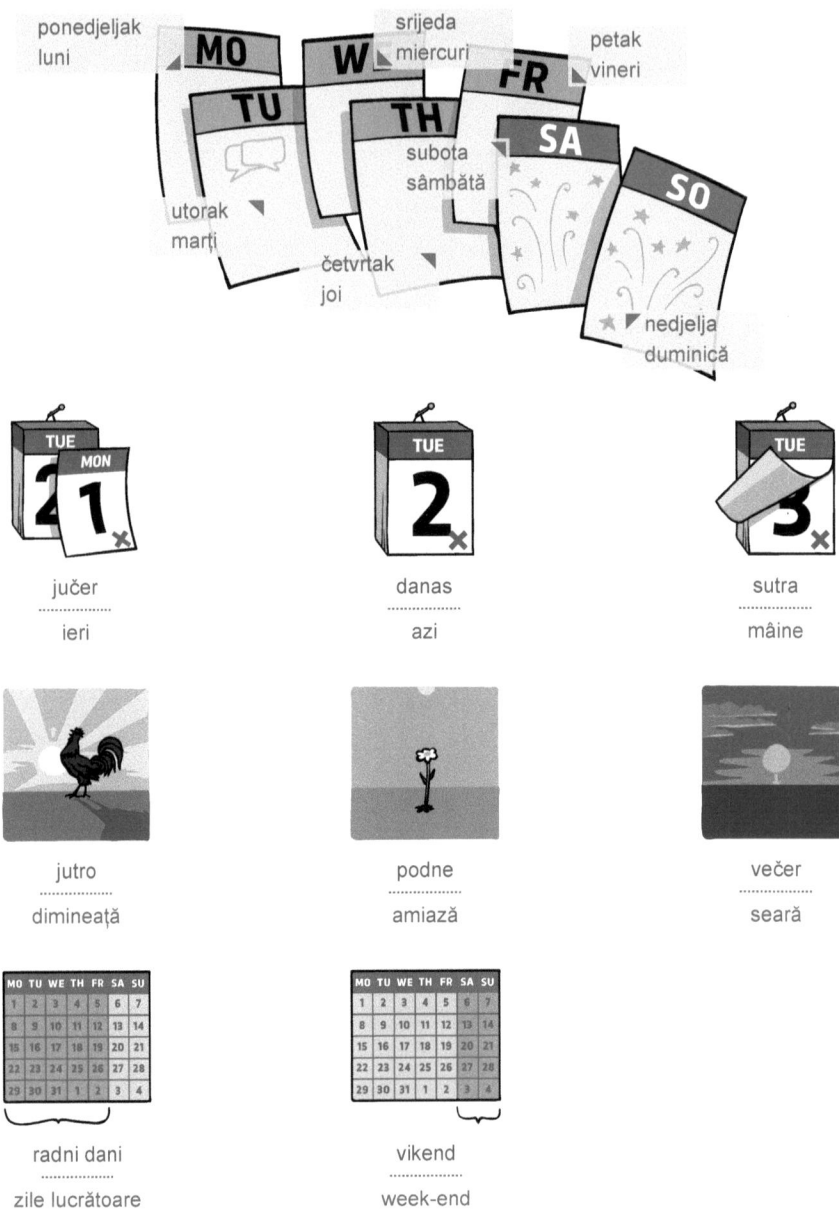

ponedjeljak
luni

MO

TU

utorak
marți

W

srijeda
miercuri

TH

subota
sâmbătă

FR

petak
vineri

SA

SO

četvrtak
joi

nedjelja
duminică

---

jučer
ieri

danas
azi

sutra
mâine

---

jutro
dimineață

podne
amiază

večer
seară

---

radni dani
zile lucrătoare

vikend
week-end

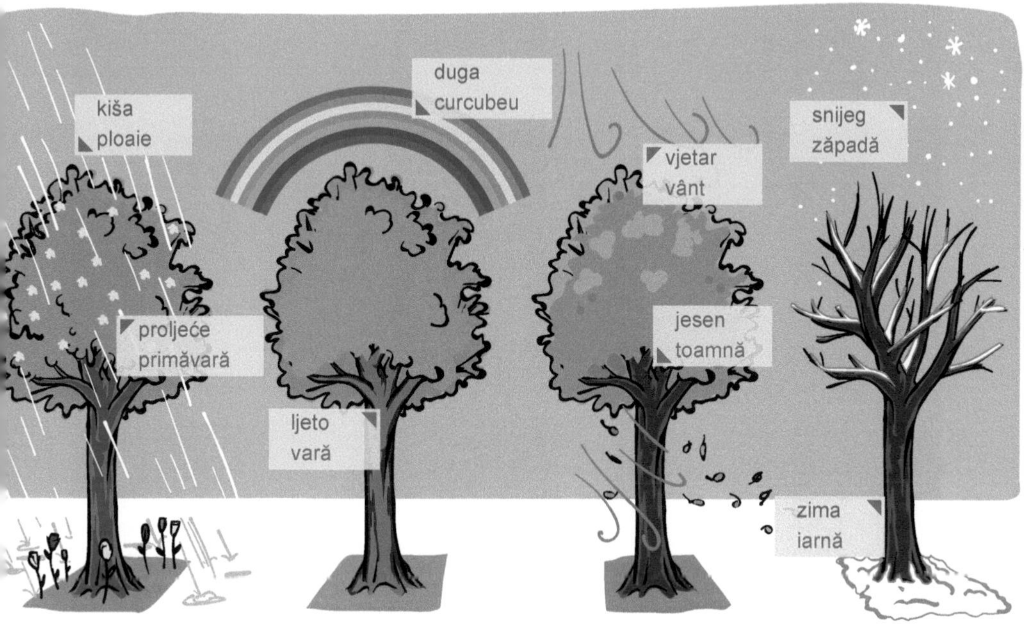

kiša
ploaie
duga
curcubeu
vjetar
vânt
snijeg
zăpadă
proljeće
primăvară
ljeto
vară
jesen
toamnă
zima
iarnă

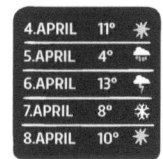

4.APRIL 11°
5.APRIL 4°
6.APRIL 13°
7.APRIL 8°
8.APRIL 10°

meteorološka prognoza

prognoză meteo

F C
120 40
90 30
60 20
30 10
0 0
-30 -10
-20

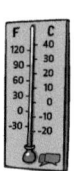

termometar

termometru

sunčana svjetlost

lumina soarelui

oblak

nor

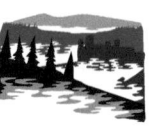

magla

ceață

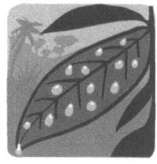

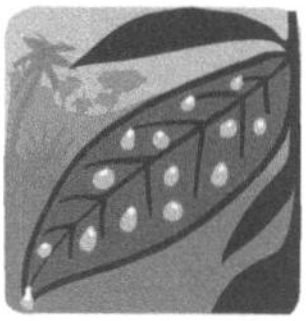

vlažnost zraka

umiditate a aerului

munja
....
fulger

grmljavina
....
tunet

oluja
....
furtună

tuča
....
grindină

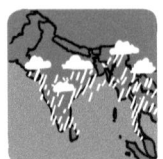

monsun
....
muson

poplava
....
inundație

led
....
gheață

siječanj
....
ianuarie

veljača
....
februarie

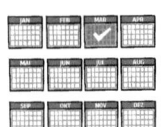

ožujak
....
martie

travanj
....
aprilie

svibanj
....
mai

lipanj
....
iunie

srpanj
....
iulie

kolovoz
....
august

godina - an

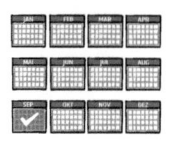

rujan
septembrie

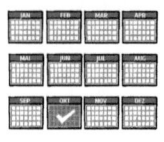

listopad
octombrie

studeni
noiembrie

prosinac
decembrie

oblici
forme

krug
cerc

kvadrat
pătrat

pravokutnik
dreptunghi

trokut
triunghi

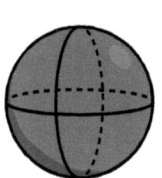

kugla
sferă

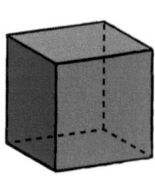

kocka
cub

bijela
....
alb

žuta
....
galben

narančasta
....
portocaliu

ružičasta
....
roz

crvena
....
roșu

ljubičasta
....
violet

plava
....
albastru

zelena
....
verde

smeđa
....
maro

siva
....
gri

crna
....
negru

mnogo / malo
mult/puțin

ljutito / mirno
furios/calm

lijepo / ružno
frumos/urât

početak / kraj
început/sfârșit

veliko / maleno
mare/mic

svijetlo / tamno
luminos/întunecat

brat / sestra
frate/soră

čisto / prljavo
curat/murdar

potpuno / nepotpuno
complet/incomplet

dan / noć
zi/noapte

mrtvo / živo
mort/viu

široko / usko
lat/strâmt

jestivo / nejestivo

comestibil/necomestibil

zlo / dobro

rău/prietenos

uzbuđeno / dosadno

emoționat/plictisit

debelo / mršavo

gras/slab

na početku / na kraju

primul/ultimul

prijatelj / neprijatelj

prieten/inamic

puno / prazno

plin/gol

tvrdo / mekano

tare/moale

teško / lagano

greu/ușor

glad / žeđ

foame/sete

bolesno / zdravo

bolnav/sănătos

ilegalno / legalno

ilegal/legal

pametno / glupo

inteligent/stupid

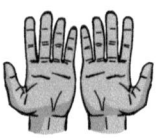

lijevo / desno

stânga/dreapta

blizu / daleko

aproape/departe

novo / rabljeno

nou/uzat

ništa / nešto

nimic/ceva

staro / mlado

bătrân/tânăr

uključeno / isključeno

pornit/oprit

otvoreno / zatvoreno

deschis/închis

tiho / glasno

încet/tare

bogato / siromašno

bogat/sărac

točno / pogrešno

corect/fals

hrapavo / glatko

aspru/neted

tužno / sretno

trist/fericit

kratko / dugo

lung/scurt

polako / brzo

încet/repede

mokro / suho

ud/uscat

toplo / hladno

cald/rece

rat / mir

război/pace

0

nula

zero

1

jedan

unu

2

dva

doi

3

tri

trei

4

četiri

patru

5

pet

cinci

6

šest

șase

7

sedam

șapte

8

osam

opt

9

devet

nouă

10

deset

zece

11

jedanaest

unsprezece

12
dvanaest
douăsprezece

13
trinaest
treisprezece

14
četrnaest
paisprezece

15
petnaest
cincisprezece

16
šestnaest
șaisprezece

17
sedamnaest
șaptesprezece

18
osamnaest
optsprezece

19
devetnaest
nouăsprezece

20
dvadeset
douăzeci

100
stotinu
o sută

1.000
tisuću
o mie

1.000.000
milijun
un milion

engleski

engleză

američko engleski

engleză americană

kinesko mandarinski

chineza mandarină

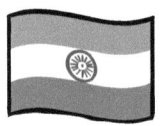

hindi

hindi

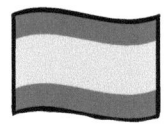

španjolski

spaniolă

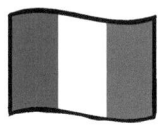

francuski

franceză

arapski

arabă

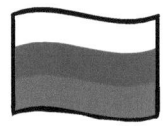

ruski

rusă

portugalski

protugheză

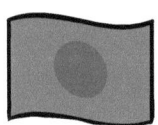

bengalski

bengaleză

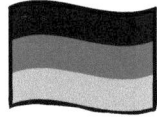

njemački

germană

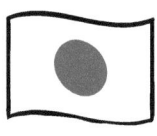

japanski

japoneză

ja
eu

ti
tu

on / ona / ono
el/ea

mi
noi

vi
voi

oni
ea

tko?
cine?

što?
ce?

kako?
cum?

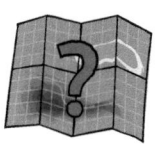

gdje?
unde?

kada?
când?

ime
nume

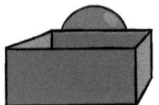

iza

în spate

u

în

ispred

înainte

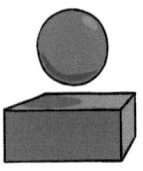

preko

peste

na

pe

ispod

sub

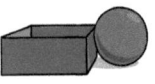

pored

lângă

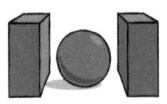

između

între

mjesto

loc